COUP D'ŒIL
SUR TOUT L'UNIVERS,

Et le CALENDRIER des plus curieux & raisoné, enrichi de l'ABREGÉ DE L'HISTOIRE DU MONDE entier, où se verra tout ce qu'il y a de plus rare, de plus singulier & de plus merveilleux dans le CIEL & sur la TERRE, & generalement tout ce qui s'est passé & se passera de plus remarquable depuis le commencement jusqu'à la fin des Tems.

A l'usage de tous les Siécles futurs.

AVIS AU LECTEUR.

A la ligne 17 de la page suivante, il faut ajoûter, de plus remarquable après passera. A la page 22 ligne 5 il faut lire 420 au lieu de 920. A la p. 32 l. 6 est au lieu d'& ; à la p. 33 l. 19 & la bone ; p. 38 l. 4 que par l'Aiguille. Après ces trois feuilles, on donnera au public les Calculs anciens & nouveaux enrichis des plus memorables évenemens de tous les siécles, puis le Sistême de 7700 depuis Adam jusqu'à notre siécle, & la veritable Isle fortunée découverte en 1722. On donera bientôt aussi le premier Livre de l'intitulé, Coup-d'Oeil sur tout l'Univers, ou l'Univers consideré sous toutes ses diférentes faces & tous ses divers raports. S'il se rencontre quelques legeres fautes survenues à l'impression, le complaisant Lecteur aura la bonté d'y supléer.

COUP D'ŒIL

Sur tout l'Univers & sur les siecles entiers, avec un CALENDRIER des plus curieux & raisonné, enrichi d'observations également satisfaisantes & utiles & des plus interésantes singularitez de PARIS, suivi de tous les calculs anciens & nouveaux, de plusieurs beaux Extraits, Aditions & Suplemens, & de l'ABREGE' DE L'HISTOIRE DU MONDE entier, dans lequel on verra tout ce qu'il y a de plus rare, de plus singulier & de plus merveilleux dans le CIEL & sur la Terre, & generalement tout ce qui s'est passé & se passera depuis le commencement jusqu'à la fin des Tems.

A l'usage de tous les ans futurs & posterieurs.

Par M. N. RAOUL.

Pour 1727. *jusqu'à* 1737.

De l'Imprimerie de GABRIEL-JANOT, Libraire, ruë S. Jacques à S. Jerôme.

FESTES MOBILES.

Ans de Grace	Epacte.	Cendres.	Pâques.	Afcenfion.	Pentecote.	Avent.
1727	7	26 Fev.	13. Avril.	22. Mai.	1. Juin.	30 Nov.
1728	18	11 Fev.	28 Mars	6 Mai	16 Mai	28 Nov.
1729	✤	2 Mars	13 Avril.	26 Mai	5 Juin	27 Nov.
1730	11.	22 Fev.	9 Avril.	18 Mai	28 Mai	3 Dec.
1731	22	7 Fev.	25 Mars	3 Mai	13 Mai	2 Dec.
1732	3	27 Fev.	13 Avril	22 Mai	1 Juin	30 Nov.
1733	14	18 Fev.	5 Avril	14 Mai	24 Mai	29 Nov.
1734	25	10 Mars	25 Avril	3 Juin	13 Mai	28 Nov.
1735	6	23 Fev.	10 Avril	19 Mai	29 Mai	27 Nov.
1736	17	15 Fev.	1 Avril	10 Mai	20 Mai	2 Dec.

Trente jours ont Novembre,
Avril, Juin & Septembre;
De vingt-huit il y en a un,
Tous les autres ont trente-un.

JANVIER. 1 Circoncis. 2 S. Ulric. 3 Genevieve. 4 Tite. 5 Simeon. 6 Rois. 7 Theau. 8 Lucien. 9 Julien. 10 Paul Ev. 11 Higin. 12 Tatiene. 13 Hilaire. 14 Nom de J. 15 Maur. 16 Fursi. 17 Antoine. 18 Ch. S. Pier. 19 Laumer. 20 Sebastien. 21 Agnes. 22 Vincent. 23 Emerentiane. 24 Babyle. 25 C. S. Paul 26 Policarpe 27 Chrisof. 28 Cyrille. 29 Fr. de Sales 30 Batilde. 31 Marcele. FEVRIER. 1 S. Ignace. 2 Purif. 3 Blaise. 4 Gilbert. 5 Agate. 6 Vast. 7 Chriseuil. 8 Eusée. 9 Apoline. 10 Scolastiq. 11 Severin. 12 Eulalie. 13 Lesin. 14 Valentin. 15 Aquelin. 16 Onesime. 17 Silvain. 18 Simeon Ev. 19 Gabin. 20 Eucher. 21 Gombert. 22 Ch. S. P. à Ant. 23 Meraut. 24 Mathias. 25 Valburge. 26 Nestor. 27 Honorine. 28 Nimphas. MARS. 1 S. Aubin. 2 Ceadde. 3 Cunegonde. 4 Casimir. 5 Drausin. 6 Victor. 7 Th. d'Aq. 8 Jean de D. 9 Françoise. 10 Droctovee. 11 40 Martirs. 12 Greg. 13 Euphrasie. 14 Lubin. 15 Tranquil. 16 Ciriaq. 17 Patrice. 18 Cyril de Jer. 19 Joseph. 20 Joachim. 21 Benoît. 22 Camelien. 23 Procul. 24 Vere Ev. 25 Annon. 26 Ludger. 27 Rupert. 28 Protere. 29 Eustase. 30 Rieul. 31 Balbine. AVRIL. 1 S. Hugue. 2 Fr. de Paul. 3 Richard. 4 Ambr. Ev. 5 Vin. Fer. 6 Xiste. 7 Hegesip. 8 Denis de Cor. 9 Marie Eg. 10 Terence. 11 Leon. 12 Jules. 13 Justin. 14 Lambert. 15 Ortair. 16 Paterne. 17 Anicet. 18 Parfait. 19 Timon. 20 Sulpice. 21 Anselme. 22 Inv. S. Denis. 23 George. 24 Beuve V. 25 Marc. 26 Clet. 27 Anthime. 28 Vital. 29 Cath. de Si. 30 Eutrope. MAY. 1 S. Jaq. Phil. 2 Athana. 3 Inv. Ste Cr. 4 Moniq 5 Con. S. Aug. 6 Jean P. L. 7 Domitille. 8 Desiré. 9 Greg. Na. 10 Gordien. 11 Mamert. 12 Epiphane. 13 Servais. 14 Pons. 15 Isid. 16 Honoré 17 Restitue. 18 Quimbert. 19 Yves. 20 Bernardin. 21 Hospice. 22 Romain. 23 Didier. 24

A ij

Jeane. 25 Urbain. 26 Aug. d'Ang. 27 Hildevert. 28 Germain. 29 Maximin. 30 Gautier. 31 Cance. JUIN. 1 S. Probas. 2 M. de Lion. 3 Clotilde. 4 Quirin. 5 Boniface. 6 Claude. 7 Paul Ev. 8 Medard. 9 Liboir. 10 Landry. 11 Barnabé. 12 Basilide. 13 Ant. de Pade. 14 Basile. 15 Modeste 16 Fargeau. 17 Avit. 18 Marine. 19 Gervais. 20 Silvair. 21 Leufroy. 22 Paulin: 23 jeûne. 24 N. de J. B. 25 Maxime. 26 J. & Paul. 27 Ladiflas. 28 jeûne. 29 P. S. Paùl. 30 Martial. JUILLET. 1 Thibaut. 2. Visit. de la V. 3. Anatole. 4 Tr. S. Mart. 5 Ste Zoé. 6 Goar. 7 Aubierge V. 8 Kilien. 9 Ephrem. 10 Fr. M. 11 Pie. 12 Galbert. 13 Turias. 14 Bonav. 15 Henri. 16 Euſtate. 17 Alexis. 18 Arnoul. 19 Arſene. 20 Marg. V. 21. Vict. 22 Magd. 23 Brigite. 24 Christine. 25 Jaq. le Ma. 26 Jure. 27 Antuſe V. 28 Anne. 29 Marte. 30 Ours. 31 Germ. Aux. AOUST. 1 S. P. és Liens. 2 Etien. P. 3 Inv. S. Etien. 4 Dominiq. 5 Yon. 6 Transf. 7 Gaetan. 8 Juſtin M. 9 jeûne. 10 Laurent. 11 Suſane. 12 Claire. 13 Hipolite. 14 jeûne. 15 Aſſ. 16 Roc. 17 Mamés. 18 Agapit. 19 Louis Ev. 20 Bernar. 21 Priv. 22 Symphorien. 23 Apolinair. 24 Barthel. 25 Louis. 26 Zephirin. 27 George. 28 Augustin. 29 Dec. S. J. 30 Fiacre. 31 Ariſtide. SEPTEMBRE. 1 S. Leu. 2 Lazar. 3 Phebé. 4 Roſalie. 5 Bertin. 6 Onesiphor. 7 Cloud. 8 N. de la V. 9 Adrien. 10 Nic. Tol. 11 Pat. 12 Serdot. 13 Maurille. 14 Ex. S. Croix. 15 Firmin. 16 Corneille. 17 Lambert. 18 Ferreol. 19 Janvier. 20 jeûne. 21 Matt. 22 Maurice. 23 Thecle. 24 Andoc. 25 Firmin. 26 Juſtine. 27 Coſme D. 28 Exuper. 29 Michel. 30 Jeróme. OCTOBRE. 1 S. Remi. 2 Ang G. 3 Gerard. 4 François. 5 Aure V. 6 Bruno. 7 Bacq. 8 Demetre. 9 Denis. 10 Telchilde. 11 Nic. 12 Venant. 13 Gerand. 14 Caliſte. 15 Thereſe. 16 Gal. 17 Serbonei. 18 Luc. 19 Loup. 20 Caprais. 21

Urſule. 22 Mellon. 23 Romain. 24 Magloire. 25 Crepin, Cr. 26 Evariſte. 27 jeûne. 28 Simon Jude. 29 Cher. 30 Salve. 31 jeûne. NOVEMBRE. 1 Touſſ. 2 Morts. 3 Marcel. 4. Charles. 5 Bertille. 6 Leonard. 7 Vilbrord. 8 Godefroi. 9 Mathurin. 10 Triphon. 11 Martin. 12 René. 13 Genou. 14 Laurent Ev. 15 Malo. 16 Eſme. 17 Aignan. 18 Aude, V. 19 Eliſabet. 20 Edmond. 21 Preſ. N. D. 22 Cecile. 23 Clement. 24 Severin. de Paris. 25 Catherine. 26 Gen. des Ard. 27 Agricol. 28 Soſtene. 29 jeûne. 30 André. DECEMBRE. 1 Eloi. 2 Xavier. 3 Eloq. 4 Barbe. 5 Sabas. 6 Nicolas. 7 Ambroiſe. 8 Concep. 9 Leocade, V. 10 Valere, V. 11 Fuſcien. 12 Corantin. 13 Luce, V. 14 Nicaiſe. 15 Memin. 16 Adon. 17 Olimpiade. 18 Gatien. 19 Timoleon. 20 Philog. 21 Thomas. 22 Zenon. 23 Servule. 24 jeûne. 25 Noel. 26 Etiene. 27 Jean Ev. 28 Innocens. 29 Thomas, Ev. 30 Sabin. 31 Silveſtre.

Importantes & curieuſes obſervations ſur les anées Solaire & Lunaire, l'Anée Biſextile, l'Epacte, la Páque & les Fêtes mobiles qui en dépendent come de leur premier mobil.

L'Anée Solaire contient 365 Jours, 6 heures moins 11 à 12 minutes. Ces 6 heures font un jour tous les 4 ans, & c'eſt ce qu'on apéle l'Anée Biſextile compoſée de 366 jours; on ajoûte donc tous les 4 ans vers le 24 Fevrier, un jour que ces heures compoſent dans cet eſpace de tems. Pour les 11 à 12 minutes, come il en refulte à peu près 3 jours tous les 400 ans ; Gregoire 13 ordona en 1582 qu'il n'y auroit point de Bifexte tous les cent ans à comencer à 1600, hormis la quatre-centiéme anée qui commencera l'An 2000 dans 273 ans, & que depuis l'an 2000 on fe feroit une loi inviolable de continuer dans l'Eglife le même Bifexte de 400 en 400 ans dans les Siécles pofterieurs jufqu'à la fin du monde : en forte que depuis la réformation fi mémorable & fi néceffaire de ce Pape, le Calendrier fe foutient d'une telle maniére qu'il faudroit des miliers d'anées pour y apercevoir un changement fenfible ; l'Equinoxe du Printems revenant toujours environ le 21 Mars, puifque fi quelque fois il le laiffe tomber au 20, un autre le releve au 22. Ainfi ce que l'un perd l'autre le regagne & fe rétablit au 21. Ce qui a fait dire au fameux Auteur de l'Atlas des tems, que par un grand coup du Ciel le Célébre Calendrier Grégorien eft fixé dans un état imobil & permanent jufqu'à la fin du monde ; parce que felon toute la rigueur de l'Aftronomie le calcul Ecclefiatique ne fauroit perdre qu'un jour au bout de 21 mil ans, & que fi le monde fe perpétuoit au de-là il feroit facile à la poftérité d'y remedier non en retranchant un Bifexte, mais en l'augmentant, c'eft-à-dire en ajoûtant un jour dans une anée Grégoriéne qui ne feroit point du nombre des Bifextes: qu'en cette maniére fi le monde y pouvoit ateindre le Calendrier fe perpeturoit encore 21 mil ans; & que par l'adition de céte anée Bifextile extraordinaire à tous les 21 mil ans, ce calcul Eccléfiaftique feroit immuable & inalterable, quand le monde fubfifteroit même éternélement. Or pour une parfaite intéligence de l'anée Bifextile, il faut conter par 4 les anées depuis la naiſſance de J. C. car alors quand il y aura 3 anées furnumeraires, l'anée fuivante fera Bifextile; quand il y en aura 2, le Bifexte arivera 2 ans enfuite; quand il y en aura une, le bifexte arrivera 3 ans après; mais quand vous ne trouverez point d'anée furnumeraire, c'eft que vous ferez dans l'anée Bifextile.

12 Révolutions Sinodiques de la Lune qui fe font chacune en 29 jours & demi, compofent l'anée lunaire, par confequent l'anée folaire eft plus longue de 11 jours que l'anée lunaire. Or on fait tous les 3 ans une anée lunaire qu'on nome Embolique, & qui eft de 13 révolutions ou de 13 mois Sinodics, & c'eft ainfi que les lunaifons particuliéres de chaque mois retombent fur les mois qui s'entrefuivent, jufqu'à ce que la treiziéme lunaifon les rétabliffe dans leur

A iiij

ordre par l'anée lunaire embolique. Les 11 jours que l'anée lunaire a de moins que l'anée folaire compofent donc l'Epacte. Or pour aprendre le quantiéme de la Lune, il faut favoir le nombre de l'Epacte de l'anée courante, le nombre des mois depuis Mars, le nombre des jours du mois dont il s'agit ; quand ces 3 nombres paffent 30, le nombre furnumeraire eft celui des jours de la Lune ; quand ils ne montent point jufqu'à 30, ils font encore le nombre des jours de la Lune. L'épacte augmente auffi toûjours de 11 chaque anée, hormis que, lorfqu'on vient à paffer 30, le furplus de 30 eft le nombre de l'Epacte.

Il eft remarquable que les Ifraélites començoient le lendemain de Pâque, la moiffon qui duroit 6 femaines jufqu'à la Pentecôte. Auffi l'Exode nous aprend que Dieu leur avoit ordoné de comencer l'anée fainte à l'équinoxe du Printems, pour les faire reffouvenir qu'il avoit créé le monde & les avoit fait fortir d'Egypte en cette faifon, & pour leur marquer la mort de J. C. qui devoit arriver au Printems. Or come les fêtes mobiles dépendent de la fixation de Pâque, pour les trouver il faut trouver Pâque auparavant.

Pour trouver Pâque, il faut le chercher par la pleine Lune après l'équinoxe du

Printems, puis que le Dimanche d'après c'eſt Pâque : & ſi le 14 de la Lune arive au Dimanche, pour ne point judaïſer on prend le Dimanche d'après. Téles ſont les régles que l'Egliſe a preſcrites.

Pour obſerver ces régles & trouver Pâque plus facilement, il faut prendre le 1 jour de la nouvéle Lune du 1 mois, qui arive entre le 7 Mars & le 8 Avril incluſivement, & le Dimanche ſuivant la nouvéle Lune ſera le Dimanche de la Paſſion, & 15 jours après ſera Pâque : lors même que céte nouvéle Lune arivera dans un Dimanche, ce Dimanche ſera le Dimanche de la Paſſion, & 15 jours après ſera Pâque ſans crainte de judaïſer : car le 14 de la Lune aura été le Samedi précédent Pâque des Juifs, & le lendemain Dimanche Pâque des Chrétiens, qui ſera le 15 de la Lune: excepté lors que l'anée eſt biſextile, & que le 1 jour de la Lune arive un Dimanche, il faut prendre le Dimanche d'après pour le Dimanche de la Paſſion.

Pour les Fêtes mobiles qui ſuivent toûjours Pâque, leur unic mobil, ſachant en quel jour de quel mois eſt Pâque, le Lundi des Rogations eſt 33 jours après, l'Aſcenſion eſt un Jeudi 40 jours après Pâque, la Pentecôte 50 jours après Pâque, la Fête Dieu un Jeudi 11 jours après la Pentecôte.

le jour des Cendres un Mercredi 47 jours avant Pâque, & la Septuagéſime 18 jours avant les Cendres.

Pour le 1 Dimanche de l'Avent, c'eſt toûjours le plus proche avant ou après la S. André 30 Novembre. Pour ſavoir encore le nombre des Dimanches entre la Pentecôte & l'Avent, il faut conter combien il y a de Dimanches ou de fois 7 entre Pâque & la S. George 25 Avril incluſivement, & les ajoûter avec 24 ils feront le nombre qu'on cherche; s'il n'y a pas 7 jours ni aucun Dimanche entre Pâque & la S. George, il n'y aura que 24 Dimanches; & ſi la Pâque arive après la S. George il n'y aura que 23 Dimanches entre la Pentecôte & l'Avent.

Autres curieuſes obſervations ſur l'Origine des tems, & la maniere de conter les Jours, les Mois & les Anées parmi les Hebreux.

LEs Hebreux començoient leur anée par le Printems. Nivan qui répondoit à notre mois de Mars étoit leur 1 mois; Jiar qui répondoit à notre Avril étoit leur 2 mois, Sivan qui répondoit à Mai leur 3, Tamus leur 4 qui répondoit à Juin, Ab leur 5 qui répondoit à Juillet, Elul leur 6 qui répondoit au mois d'Août, Tifri leur 7 qui répondoit à Septembre, Marchefuam leur 8 qui répondoit à Octobre, Cafleu leur 9 qui répondoit à Novembre, Zebet leur 10 qui répondoit à Decembre, Sebat leur 11 qui répondoit à Janvier, Adar leur 12 qui répondoit à Fevrier.

Ils començoient auſſi à conter les jours par les nuits, come on fait encore aujourd'hui en quelques païs. Ils començoient encore leurs Fêtes & le Sabat par la nuit ou le ſoir, come on le voit dans l'Ex. & le Lev. pour imiter Dieu qui aïant achevé ſes ouvrages en 6 jours ſe repoſa le 7 qui comença par le ſoir. Auſſi la Généſe comence à conter chacun des 6 jours par le ſoir ou la nuit, car, dit-elle, du ſoir & du matin ſe fit le 1, le 2, le 3, le 4, le 5, & le 6eme jour.

Par les termes de ſoir & de matin la Généſe nous déſigne les 24 heures qui compoſent la nuit & le jour, & le 1 jour fut équivalament auſſi long que les 5 autres qui lui ſuccedent, parce qu'elle emploïe les termes de ſoir & de matin pour tous les 6 jours également & ſans aucune diſtinction.

Le premier de tous les tems fut le Printems ſelon la ſignification même de ce nom en notre Langue. Ce qui confirme tout-à-fait cette verité est que le Seigneur ordonoit d'observer le mois des grains nouveaux qui est au comencement du Printems, suivant le Chap. 16 du Deut. & que les Hebreux començoient leur anée par cette saison, suivant l'anciéne coutume qui s'étoit perpetuée de race en race depuis Adam jusqu'à eux. Aussi le déluge comença & finit au Printems, d'où nous pouvons conclure que pour suivre l'ordre ancien & de la création & inondation du monde, c'est par le Printems que nous devrions comencer à coñter nos anées, si la sainte Eglise n'avoit, ce semble, jugé à propos d'y substituer l'An de Grace.

Le 1 des jours fut sans contredit un Dimanche, puisque le 7 fut un Samedi jour de repos. Ce Dimanche 1 de tous les jours répondoit à notre 20 de Mars; le 2 jour fut un Lundi, le 3 un Mardi, le 4 un Mercredi, le 5 un Jeudi, le 6 un Vendredi qui répondoit à notre 25 Mars. Le 1 des jours comença par la nuit, car les tenebres, dit la Généfe, couvroient la face de l'abîme du monde entier.

Le Seigneur travailla chaque jour 12 heures qui font 72 heures de travail pour les 6 jours. Le nombre de 12 qui infiniment misterieux nous peut figurer ici les 12 grands Patriarches du 1 âge, les 12 du 2, les 12 du 3, les 12 Juges du 4, les 12 grands Rois & les 12 Prophetes du 5, les 12 grands Pontifs du 6, les 12 Apôtres du 7; les 6 fois 12 nous repréfentent les 6 âges qui font les 6 grands jours qui fe fuccederent depuis le feptiéme jour du monde jufqu'à J. C. vrai Sabat & le grand jour de l'âge futur & éternel, dont les 12 Apôtres étoient, dit S. Auguftin, les 12 heures, & les 72 Difciples, les 72 heures marquées dans les 72 heures de travail des 6 premiers jours du monde.

Dieu tranfporta le 1 Vendredi & 6 jours du monde dans le Paradis terreftre, Adam qui en fut chaffé le deuxiéme Vendredi, mourut un Vendredi de Mars de 930 le même jour de fa création & de fon expulfion, come auffi de l'Incarnation & de la Paffion du Sauveur. Ce qui fait dire encore qu'Adam fut formé & le monde créé au Printems vers l'équinoxe de Mars, eft que les Interprétes ont remarqué que Moïfe parlant de la création au comencement de la Génése y a nomé Dieu 33 fois, autant d'anées que J. C. a demeuré fur la terre, pour montrer le raport entre la création & la rédemption du monde. Il eft encore remarquable que J. C. n'ait été que 33 heures dans le tombeau, quoi qu'il y ait été 3 jours mais non entiers. Cet adorable Sauveur se trouve figuré dans tous les plus illustres anciens mourans; car nous lisons partout que non seulement la mort d'Adam, mais aussi celle d'Abel, le sacrifice d'Isaac & l'onction même de David ariverent un 25 Mars.

Autres béles Observations pour savoir ce qui se passe tous les jours dans le circuit du Monde entier par raport au Cours anuel & journalier du Soleil.

Sur le circuit de la Terre toutes les 24 heures du jour & même toutes les minutes des 24 heures du jour s'y trouvent dans le même instant. Quand il est midi à Paris, il est une heure à Bude, 2 heures au Caire, 3 heures à Nisi, 4 heures à l'Isle des 7 Sœurs, 5 heures au Cap Comorin, 6 heures à Arracan, 7 heures à Batavia, 8 heures à Pingan, 9 heures à Nigata, & ainsi de tout le reste du jour, en parcourant la Terre de 15 en 15 degrez de longitude. De cette maniére il est toûjours matin quelque part, & il y a toûjours des Prêtres à l'Autel.

Quand il est onze heures à Paris, il est midi à Viene en Autriche. Quand il est minuit à Ispahan capitale de Perse, il est trois heures après minuit à Paris. Les Parisiens sont les Antipodes des nouveaux Zelandois. Les Pekinois habitans de la capitale de la Chine, sont les Antipodes des Chilois Peuples de l'Amerique

Quand le Soleil se leve aux Isles Antilles en Amerique, il se couche aux Isles Moluques en Asie. Quand il est midi à Lima au Perou, il est minuit à Siam. Au Pole Arctic pendant qu'il y a un jour de six mois, durant lequel le Soleil est toûjours sur l'horison, il y a au Pole Antarctic une nuit de six mois sans voir le Soleil; & quand il y a une nuit de six mois au Pole Arctic, il y a un jour de six mois au Pole Antarctic.

A l'équateur le plus long jour est de 12 heures. Il y 24 climats d'une demie heure depuis l'équateur jusqu'au soixante-sixiéme degré de latitude. Au 1 climat Septentrional le plus long jour est de 12 heures & demie, come à la haute Guinée en Afrique; au 2 climat de 13 heures come à Siam; au 3 de 13 heures & demie, come à l'Arabie heureuse; au 4 de 14 heures, come au Caire en Afrique; au 5 de 14 heures & demie, come à Maroc; au 6 de 15 heures, come à Lisbone, Grenade, Malte, Rode, Alger, Tunis; au 7 de 15 heures & demie, come à Rome, Constantinople, Aix, Touloufe; au 8 de 16 heures, come à Aftracan, la petite Tartarie, & la France; au 9 de 16 heures & demie, come à Amiens, Maïence, Cracovie; au 10 de 17 heures, come à Londre, Bruxéle, Lille; au 11 de 17 heures & demie, come à Vilne, Mofcou; au 12 de 18 heures, come à Copenhague; au 13 de 18 heures & demie, come à Stocolm; au 14 de 19 heures, come à Vibourg, la Friflande; au 15 de 19 heures & demie, come aux Ifles de Schetland; au 16 de 20 heures, come aux Ifles de Ferro; au 17 de 20 heures & demie, come au Cap Hecla; au 18 de 21 heures, come au Mont Hecla; au 19 de 21 heures & demie, come à Pitha; au 20 de 22 heures, come à Archangel, au 21 de 22 heures & demie, come à Torna; au 22 de 23 heures, come à une partie d'Iflande; au 23 de 23 heures & demie, come à Varfiga; au 24 de 24 heures, come à une partie de la Laponie Suedoife.

Il y a 6 climats de jours depuis le foixante-fixiéme degré de latitude jufqu'au 90 où eft le Pole. Au 1 climat de jours du côté du Pole Septentrional, le jour eft de 31 jours, come à la Laponie Mofcovite; au 2 de 62 jours, come à Laponie Danoife; au 3 de 93 jours, come à la nouvéle vèle Zemble; au 4 de 124 jours, come au Spitberg; au 5 de 155 jours, ce climat n'eſt, à ce qu'on croit, point habité, non plus que le 6 qui eſt vers le quatre-vingt dixiéme degré, & a un jour de 186 jours ou de 6 mois. Il faut penſer la même choſe des 30 climats meridionaux, que des 30 Septentrionaux que nous venons de marquer, à quelque diférence près.

Tandis que nous joüiſſons en France des douceurs du Printems, on éprouve dans l'Iſle Sumatra les ardentes chaleurs de l'Eté; tandis que l'Eté eſt au Canada, les Peuples du détroit de Magellan reſſentent toutes les rigueurs d'un afreux Hiver.

La terre ne reçoit point par tout, les raïons du Soleil de la même maniere. Ces raïons tombent en quelques lieux toujours perpendiculairement, en d'autres obliquement, & en d'autres ne font que raſer la ſurface de la terre. Ces 3 diférentes chutes font les diverſes temperatures d'air des 5 Zones. On pouroit dire qu'il y a un Eté preſque continuel dans pluſieurs endroits de la Zone Toride ou chaude. Il y a des Païs qui ont come un Printems perpétuel, d'autres come un perpétuel Autone; enſorte que le Soleil fait ſans intéruption tout à la fois non ſeulement toutes les 24 heures du jour & les minutes de ces 24 heures à chaque instant sur la circonférence de la terre, mais aussi l'E'té, l'Autone, l'Hiver & le Printems, & tous les divers tems de ces 4 saisons.

Il est donc dans l'un ou l'autre païs du monde toujours matin, midi, minuit toujours 1, 2, 3, 4, 5, 6, 7, 8, 9, 10, 11 heures, & toutes les minutes des 24 heures du jour; toujours Eté, Autone, Hiver, Printems: par conséquent on prie, on dit la Messe, on chante, on oficie; on comunie, on adore toujours dans quelqu'Eglise; on se couche, on se leve, on déjeune, on dîne, on soupe, on travaille; on se repose toujours quelque part; il y a toujours des arbres chargez de feuilles, de fleurs, de fruits, il y en a toujours qui en sont dégarnis; ici on vendange, on moissone, là on laboure, on seme, on travaille, & on prépare la vigne; là il géle, il nége, il grèle, ici il éclaire, il tone, le tonére tombe; il fait une grande chaleur dans un païs & une extrême froidure dans un autre, pendant qu'on éprouve une agréable fraîcheur dans un païs, & une douce temperature dans un autre; ici on leve des troupes, on fait des recruës, on campe, pendant que là on en est aux mains, on gagne, on perd le champ de bataille, & ailleurs on eſt en quartier d'hiver où on ſe repoſe. En un mot tout ce qui paſſe chaque anée en France & dans l'Europe entiere, arive tous les jours dans l'un ou l'autre païs de l'Aſie, de l'Afrique & de l'Amerique.

Epoque poſitive de la création du Monde.

C'Eſt poſitivement avant la Reſurection du Sauveur 6000 ans & 6 jours qui les figuroient, que s'opera la création de l'Univers : créance & tradition confirmée par S. Ciprien en ſon traité des Monts Sion & Sina, par Origéne en ſon dial. contre les Marcion. Par le grand Heſichius en ſon Hom. ſur la Nativité ſainte ; par les Septante & les plus anciens Juifs Juſtes, Joſeph & Philon qui donent 2000 ans à la Loi de Moïſe, & 4000 au monde depuis Adam juſqu'à Moïſe ; par les S S. Martirs Hipolite, Juſtin, par les Peres & les Chrétiens ; les Auteurs & les plus habiles calculateurs des 3 premiers ſiécles de l'Egliſe, tels que Clement d'Alexan. Theophile d'Ant. & Timothé citez par Heſichius ; par Bernard même ce fameux Suputateur du ſiécle dernier en ſes notes ſur l'Ep. de S. Bernabé ; par les célébres Voſfius & Bigot qui démontrent 5700 ans de faits mémorables contenus dans les Ant. de Joseph, sans y comprendre les 300 ans Anarchics intervenus entre Josué & Heli; enfin par S. Barnabé qui décide avec tous les Illustres Précédens dans son Ep. qu'il y a 6000 ans depuis Adam jusqu'à J. C. & que les 6 prémiers jours du monde étoient la figure de ces 6 Milenaires. En sorte qu'à remonter de la Resurrection du Sauveur à la transmigration de Babilone, il y a 634 ans, de cette transmigration au couronement de Salomon 455, de ce couronement à l'entrée d'Israël dans la terre de promission 911, de cette entrée à la vocation d'Abraham 477, de cette vocation à l'inondation generale 1268, de cette inondation à la formation d'Adam 2255, de cette formation à la création de l'Univers 6 jours qui forment le premier tems & font le fondement de tous les tems & de toutes les choses du monde.

Pouvons-nous après cela balancer à proscrire pour jamais le calcul gauche, manchot, estropié, fanatic & rabinic, des 4 milénaires depuis Adam jusqu'a J. C. puisqu'il est aujourd'hui regardé come un malheureux étranger qui ne trouve de retraite que chez les Rabins, les Protestans, & malheureusement chez quelques Catholiques qui poſſedent preſque toutes les ſiences hors celle des tems.

Gouvernement de l'Egliſe depuis Adam juſqu'à 420 de J. C. où comence la Monarchie Françoiſe.

LE Seigneur aïant en un inſtant fini de rien tous les riches matériaux de l'Univers, créé les Anges pour être ſes premiers adorateurs & les admirateurs de ſes prodiges, établi leur chef l'humble Michel après l'apoſtaſie de l'orgueilleux Lucifer, operé les innombrables milions des merveilles des 6 prémiers jours, il forma l'home & la feme qu'il orna des Priviléges de ſes Anges pour être avec eux ſes adorateurs & admirateurs éternels ; puis Adam joint à 25 autres Patriarches, à Moïſe & Joſué gouverna 4020 ans le Peuple de Dieu, qui fut enſuite gouverné 1980 ans par des Juges, Rois, Pontifs, & J. C. qui établit ſon Vicaire S. Pierre qui a eu & aura des Succeſſeurs juſqu'à la fin du monde. Or depuis la diſperſion des Peuples les diverſes contrées des Gaules n'avoient eu que des Chefs juſqu'à 420 de J. C. où comence notre Monarchie.

Voïez de suite le dénombrement de tout ce qu'il y a de plus remarquable en France & principalement dans Paris.

Depuis 420 jusqu'à 1727 la race Merovingiéne a doné 20 Rois à notre Monarchie, la Carlovingiéne 15, la Capévingiéne 31. La Chancélerie est aussi anciéne que la Monarchie, par consequent plus anciéne que la Mairie, Pairie, Conétablie, Maréchalerie, Amirauté, Chevalerie, grande & moindre Prévôté, Présidialité du grand & petit Châtelet, Consulat, Election, Sélerie, & generalement toute autre Cour ou Jurisdiction Militaire, Ecclésiastique & Séculiére. En France 14 Parlemens ; Paris institué 755 - Toulouse 1302, Grenoble 1453 ; Bordeaux 1462, Dijon 1476, Aix 1505, Roüen 1515, Pau 1519, Rennes 1553, Metz 1633, Besançon & Tournai 1674, Perpignan & Colmar Conseil souverain bientôt après. En France 12 Chambres des Comptes, 12 Cours des Aides, 29 Villes batans monoïe, 1470 Postes, 40 Gouvernemens, 40 Intendances, 21 Universitez, 130 tant Archevêchez qu'Evêchez, 15000 Maisons de Religieux, près de 1400 Abaïes, de 12500 Prieurez, de 270 Comanderies de Malte, de 155000 Chapéles aïant Chapelain, de 170 Abaïes de Religieuses, plus de 138000 Paroisses & de 20 milions de Comunians, 14 Maisons Roïales, dont les Châteaux de Versailles, du Luxembourg & des Tuileries de Paris sont les plus magnifics, 15 Châteaux de plaisance ou Maisons des Princes du Sang, parmi lesquels Meudon, Chantilli, Sçeaux, Rambouillet, S. Clou, le Palais Roïal & le petit Luxembourg se distingent, 56 Hôtels très-considerables & mil & mil autres Hôtels modernes plus riches & plus superbement construits que la plupart des 56 anciens. Les Places Roïale, Dauphine, des Victoires, & des Conquêtes sont peut-être les plus régulières, les plus béles & les plus augustes de l'Univers aussi bien que leurs 4 Statues.

Tems de la Fondation des Paroisses & Chapîtres de Paris.

LA Catédrale de Paris, dont la Chapéle de la Vierge fut, dit-on, bâtie tant de siécles auparavant par S. Pierre qui vint en cette Ville, fut fondée par Hugue Capet 980; S. Barthelemi par S. Denis, Evêque de Paris; S. Denis du Pas, aussi

ancien que le S. Evêque de ce nom; S. Martial fondé par S. Eloi 650, S. Pierre des Arsis & S. Pierre aux Beufs érigez en Paroisses 1107, Sainte Marine 1180; Sainte Croix de la Cité auparavant Chapéle, Paroisse 1110; S. Germain le Vieux par S. Germain même, S. Christophe auparavant Chapéle rebâti 1494, S. Denis de la Chartre plus ancien que le Saint de ce nom, quant à la Cave qui lui a servi de Prison; la Sainte Chapéle construite par S. Loüis; la Magdeléne fort anciéne, sa fameuse Confrerie 1160; S. Jaques la Boucherie auparavant Chapéle, Paroisse sous Philipe Auguste; S. Simphorien 1207, S. Germain l'Auxérois par Childebert I. S. Honoré 1204; S. Thomas du Louvre 1180, S. Roch Chapéle dès 1578, Paroisse 1630; S. Eustache auparavant Chapéle de S. Agnes par Alais, Paroisse 1532; S. Laurent auparavant Monastére, Paroisse sous Philipe Auguste, & rebâti 1429; Sainte Oportune fondé 1100, à present Paroisse; S. Sauveur bâti sous François I. Paroisse indépendante 1560; S. Leu 1235, l'Eglise du Sepulcre 1325, S. Nicolas des Champs bâti par Robert Fils d'Hugue Capet, S. Innocent fort ancien rebâti 1445, S. Josse déja Hopital 600, S. Avoïe par S. Loüis, S. Jean en Gréve 1212; S. Gervais 570, son Portail
achevé

achevé 1609, S. Paul par S. Eloi, Sainte Marguerite Paroiſſe depuis peu bâti 1670, S. Loüis en l'Iſle 1625, S. Nicolas du Chardonet érigé en Paroiſſe 1243, S. Etiéne du Mont d'une haute antiquité, S. Hilaire 1300, S. Marcel auparavant Chapéle fondé par Robert neveu de Charlemagne, S. Martin Cloître S. Marcel Chapéle 1000, Paroiſſe 1480, S. Mederic anciénement Chapéle, Paroiſſe 1010, antiquité de S. Hipolite prouvée par la Bule d'Adrian IV. datée de 1158, S. Jaque du Haut-Pas comencé 1574, S. Etiéne des Grez, S. Benoît & S. Sevrin des plus anciens de Paris, S. Yves 1348, S. Iean de Latran 1480, S. Iulien le Pauvre 550, S. Coſme & S. André-des-Arcs bâtis 1212 par un Abé de S. Germain des Prez, come auſſi S. Sulpice, Paroiſſe anciéne qui s'étendoit encore juſqu'à la ruë de la Huchéte 1210.

Tems de la Fondation des Abaïes & Monaſtéres de Paris.

SAinte Geneviéve batie par Clovis 490, ſa Chapéle ſoutéraine dès les premiers Siécles de l'Egliſe, l'Abaïe S. Germain 542 par Childebert I. Fils de Clovis, l'Abaïe S. Antoine 1190 dédiée à I. C. 1233 en préſence de S. Loüis qui fonda bientôt

C

après le Petit S. Antoine, l'Abaïe Montmartre par Loüis VI, le petit Montmartre 1613, S. Martin des Champs d'une haute antiquité rebâti 1056 par Henri II, le Val-de-Grace 1645 par la Reine Anne d'Autriche, l'Ordre des Templiers qui comença 1118 proscrit de France 1307, Chartreux de Paris fondez par S. Loüis 1257, Carmes établis à Paris 1259 par S. Loüis, transferez à la Place Maubert 1317, Carmes Billétes fondez il y a près de 450 ans à l'ocasion d'une Hostie outragée par un Iuif, & gardée à S. Iean en Gréve, les Carmes Déchaux 1611, les 4 Monastéres des Carmelites fondez depuis 1603 jusqu'à 1670, les Celestins 1318, les Cordeliers 1270, les 3 Monastéres des Capucins depuis 1600 jusqu'à 1623, les Capucines 1604, les Religieux de Nazareth 1630, les Recolets & les Picpuces 1600, les Picpuces de Belleville 1638, les 3 Monastéres des Minimes, depuis 1493 jusqu'à 1612, les Iacobins ruë S. Iaque par S. Loüis, ceux de la ruë S. Honoré 1613, de la ruë S. Dominique 1633, les Freres Sachets 1261 par S. Loüis, ils demeuroient proche le Pont neuf où sont les Augustins établis 1293, les petits Augustins 1608, les petits Peres 1629, les Iesuites ruë S. Antoine 1582, ruë Pot-de-Fer 1610, les 3 Maisons de l'Oratoire depuis

1611 jusqu'à 1650, les Fueillans ruë S. Honoré 1587, du Faubourg S. Michel 1632, les Fueillantines 1622, les 2 Maisons des Doctrinaires 1628 & 1630, les Blancs-Manteaux 1252, les Ursulines ruë S. Iaque 1607, ruë S. Avoïe 1635, l'Abaïe S. Victor 1060, les Benedictins Anglois 1674, les 3 Monastéres des Religieuses Angloises depuis 1620 jusqu'à 1658, les Religieuses de la Croix, Faubourg S. Antoine 1641, les Religieuses du Calvaire Faubourg S. Germain 1620, du Marais 1623, l'Ab. aux Bois 1654, Filles du précieux Sang 1638, les 3 Maisons des Filles de la Visitation depuis 1619, jusqu'à 1673. Religieuses du S. Sacrement 1660, Filles de la Nativité 1633, Filles de la Madeleine 1616, Filles de S. Thomas d'Aquin du Marais 1634, de la ruë Vivien 1640, Theatins 1644, Religieuses du Port Roïal de Paris 1625, Prémontrez Faubourg S. Germain 1661, Filles de la Providence 1650, Religieux de la Merci 1613, Maturins 1200, Religieuses de l'Assomption 1622, Filles de l'Ave Maria 1484, Filles Pénitentes 1494 transferées à S. Magloire ruë S. Denis 1572, Filles de sainte Elisabeth 1616, Boursiers de S. Nicolas du Louvre érigez en Chanoines 1542, Filles Dieu proche S. Lazare fondées par S. Loüis qui fit venir à Paris les Religieux de sainte

C ij

Croix de la Bretonerie ; Maison des nouvéles Converties fondée par le Maréchal de Turéne ; les nouveaux Convertis 1660 ; Thibau Roi de Navare fonda 1270 proche Troïe 13 Cordelieres transferées bientôt après au Faubourg S. Marcel de Paris ; la Maison des Barnabites fondée par S. Eloi qui y mit d'abord 300 Religieuses.

Tems de la Fondation des Hopitaux.

L'Hôtel Dieu de Paris fondé 660 par S. Landri, augmenté 1258 par S. Loüis; l'Hôpital de S. Loüis par Henri IV 1604, de la Charité 1602, des Convalescens 1652, des Quinze-vingts par S. Loüis 1254, du S. Esprit 1362, de la Trinité 1202, des Enfans Trouvez 1560, des Enfans Trouvez du Faubourg S. Antoine 1677, de S. Gervais 1180, des Petites Maisons rebâties 1557, des Incurables 1634, de S. Jaque l'Hôpital 1322, de Sainte Caterine 1188, de la Salpétriere 1672, des Hospitalieres, Place Roïale 1629, de Bicestre autrefois un des plus beaux Châteaux de France bâti par Jean Fils du Roi Jean en 1400, les Invalides 1670. L'Hôpital des Enfans rouges 1534, de la Pitié 1612, de la Misericorde 1624.

Tems de la Fondation des Coléges & Séminaires de Paris.

FUrent fondez les Coléges de Sorbone par Sorbon, Précepteur de S. Loüis 1252, d'Arras 1332, de l'Ave Maria 1339, d'Authun 1341, de Baïeux 1308, de Sainte Barbe 1556, de Beauvais 1370, de Presle 1313, des Bernardins 1250, de Boissi 1359, de Boncourt 1353, des Bons Enfans 1420, de Bourgogne 1331 jusqu'à 1673, de Cambrai 1348, du Cardinal le Moine 1302, de Cholet 1300, de Cluni 1269, de Coqueret 14 siécles, de Dainville 1380, des Ecossois 1325, de Maître Gervais 1370, de Fortet vers ce tems-là, de Grammont 1340, d'Harcourt 1280, de Justice 1353, de Lisieux 1400, des Lombards 1330, de Clermont 1563, de la Merci 1520, de S. Michel 1348, de Montaigu 1313, de Narbone 1317, de Navare 1303, du Plessis 1332, des Premontrez 1255, de Rheims 1412, de la Marche 1423, de Grassin 1570, de Cornoailles 1380, de Tours 1233, des Tresoriers 1269, de Fées 1427, des 4 Nations 1662, les Ecoles du Droit 1464, la Lecture du Droit François 1680, les Ecoles de Médecine 1472, le Jardin Roïal des Plantes 1633, l'Ecole de

Chirurgie 1268 par S. Loüis, les Lecteurs & Professeurs Roïaux 1531 par François I. l'Observatoire 1670, le Seminaire de saint Sulpice 1635, des Missions étrangéres 1663, des Trente-trois 1633, des Irlandois 1672, des Bons Enfans tel qu'il est aujourd'hui 1625; il y a encore 7 autres Séminaires à Paris.

Avis intéressant pour les Boursiers de France.

LE Colége d'Autun fondé pour les pauvres Etudians de Clermont en Auvergne, ou d'Annonai en Vivarés, ou des Diocéses de Viéne, Dupui, de S. Flour; le Col. de Baïeux pour les Dioc. du Mans & d'Angers; le Col. de Beauvais pour le Dioc. de Soissons, ou de tout autre celui-ci manquant, pour la Paroisse de Dormans ou des lieux voisins, pour les Dioc. de Rheims & de Troïe en Champ. le Col. de Bourgogne pour les Bourguignons; le Col. de Cambrai pour le Dioc. de ce nom; le Col. de Cholet pour les Dioc. d'Amiens & de Beauvais; le Col. de Cornoalles pour le Dioc. de ce nom; le Col. Fortet pour le Dioc. de S. Flour, la Ville d'Aurillac & le Village de Curlu Dioc. de Noïon; le Col. de Grassin pour le Dioc. de Sens; le Col.

d'Harcourt pour les Dioc. de Coutances, de Baïeux, d'Evieux & de Roüen; le Col. S. Michel pour les Limosins; le Col des 4 Nations pour les Gentils-Homes de Pignerol, d'Alsace, du Roussillon & de Flandre; le Col. de l'Ave Maria pour Hubant en Nivernois ou les lieux voisins; le Col. Montaigu pour 84 Boursiers en l'honeur des 12 Apôtres & des 72 Disciples: il y a quelqu'autres Coléges pour d'autres Diocéses, mais quelques-uns sont sans exercice, la fondation des autres est tout à fait perdue, ou bien changée en d'autres usages.

Quelques singularitez des plus remarquables de Paris.

IL ne se peut rien voir au monde de si auguste, de si magnifique & de si pompeux que l'Ordre de la Chancelerie, du Parlement, de la Chambre des Comptes, de la Cour des Aydes, de la Cour des Monoïes, du Châtelet, de la Prévôté de l'Hôtel, du Corps de Ville, de l'Election, de l'Oficialité, du Grenier à sel & des autres Jurisdictions; lorsqu'il arive que ces Cours superieures & subalternes marchent successivement toutes ensemble dans les Cérémonies publiques & extraordinaires, précédées du Corps Monastique, Ecclésiastique,

& de l'Université de Paris. C'est ce qu'on vit avec admiration, lorsque le Roi & la Reine firent leur Entrée par la Porte S. Antoine le 26 Août de 1660; & ce qui rendit cette grande action la plus memorable de toutes, &, que les superbes trains de Monsieur frere du Roi, des Princes du Sang, & des autres Princes & Seigneurs, des principaux Officiers du Roi & de la Reine, du grand Maître de l'Artillerie, des Maréchaux de France, des Gouverneurs & Lieutenans du Roi des Provinces, le tout entremêlé de Gentils Homes au Bec de Corbin, de Gardes du Corps, de Gens d'Armes, des Cent-Suisses de la Garde, & de tant d'autres Officiers militaires, suivoient toutes ces Cours avec une Ordonnance si belle & si richement équipée, que les Etrangers aussi bien que les François désesperent de pouvoir jamais devenir une seconde fois les témoins d'un si singulier & si rare Spectacle. La Chine qui contient 15 Provinces qui sont autant de vastes Empires étoit gardée du tems de Baudier par 6 millions d'homes de pied & 550 mil de Cheval, il ne faut donc point s'étoner si quelques relations marquent qu'il y a dans ce Roïaume cent milions d'homes sans conter les femmes & les enfans; le revenu du Roi se monte à 400 millions. Il y a en France plus de 20 millions de Comunians ? pour Paris il feroit dificile d'en limiter le nombre, les uns voulans qu'il y en ait un million & demi, les autres un million, ceux-ci plus, ceux-là moins : on en pouroit juger par les 20 mil Baptêmes & les 18 mil mortuaires qui se firent en 1683 au raport de le Maire qui disoit il y a plus de 40 ans qu'il y avoit en cette Ville près de 24 mil Maisons non comprises celles de dessus le dérière qui étoient encore plus nombreuses. Pour rassasier Paris il faudroit anuélement plus de 150 mil muids de Bled, de 3 miliars de Perdrix, de 10 miliars d'Hortolans, & plus de 6 miliars de bouteilles de Vin pour le désalterer, si on n'usoit point d'autre nouriture & boisson ; mais au défaut de vin, la Biere & bone eau qui l'arose avec abondance y supléent avec les innombrables miliers de Pourceaux, de Beufs, de Moutons, de Liévres, de Lapins, de Cailles, Pigeons, Dindons, Saumons, Harans, Choux, Citrouiles, Navets & mil autres espéces des denrées qui conspirent au rassasiment de tous les Parisiens & des Etrangers qui les visitent pour leur bel & bon argent. Paris contient dans sa vaste enceinte plus de 20 mil Ouvriers, tant Limonadiers & Péruquiers que Traiteurs, Patisfiers & Cabaretiers, tous gens faits pour la plus grande comodité du peuple, pourvû que ce soit là leur principal but. Il y a plus de 6 mil qui travaillent à la Boulangerie métier si necessaire au soutien de notre vie, outre les blancs & bons Gonesfiers, & tant d'autres pareils ouvriers de tous les alentours de notre Ville. Les Travailleurs en Boucherie sont plus de 2 mil, aussi bien que ceux de Chirurgie & d'Apoticairerie qui sont pour les coupures & potions extraordinaires. On n'y conte que cent Tireurs d'or, mais il y en a plus de cent mil. Il s'y trouve Bonetiers, Boureliers, Cordoniers, Savetiers, Drapiers, Epiciers, Fripiers, Gantiers, Maréchaux, Menuisiers, Tapissiers, Tonéliers, Vinaigriers, Merciers, Charons, Chapeliers, Orfévres, Chandeliers, au nombre de plus de 25 mil, compris les Maîtres & Compagnons, Eléves & Garçons, bien entendu. On y voit plus dix mil Reparateurs de Pavets, Toits & Maisons. Pour les cent autres Professions, elles ont ensemble plus de 150 mil Ouvriers. Or si chacun des Parisiens avoit son chien & son chat, il faudroit qu'il y eût plus de 2 milions de ces bêtes, les unes simboles de fidelité & amitié, les autres hiéroglifes d'infidelité & méchanceté. Combien y a-t-il donc de Serins, Linotes, Alouétes, Merles, Pies, Peroquets, Chevaux & autres animaux & Oiseaux.

Singularitez tout à fait remarquables de Strasbourg, de Lion, de Rome, d'Anvers, de Constantinople, de Paris & de Venise.

LEs curieux Voïageurs croïent ne se pas tromper, quand ils disent que la Tour de la Cathedrale de Strasbourg n'a point de pareille au monde; aussi les Habitans de cette Ville la noment sans façon la merveille du monde par excellence. C'est un édifice piramidal tout construit de pierres de taille travaillées en relief à la Gotique, & d'une hauteur si bien entenduë, qu'on diroit que la pointe s'en perd dans les nuës. C'est un ouvrage à jour, de maniere que les yeux penetrent au travers, ce qui joint avec les diférentes figures qu'on y remarque fait un merveilleux effet. La hauteur de cette Tour est de 574 pieds. Mais la chose la plus remarquable de Strasbourg est la celebre Horloge qui fait l'admiration des connoisseurs. La premiere partie de cette Horloge montre d'abord 3 Tableaux, dont il y en a deux carrez aux côtez & un rond dans le milieu. Ce Tableau rond contient trois cercles l'un dans l'autre, deux mobils & un fixe. Le 1 cercle à 10 pieds de diametre & fe mouve une fois dans l'anée de la gauche à la droite, marquant les mois & les jours de l'anée. Le 2 cercle qui eft dans celui-là a 9 pieds de diametre, fe mouve de la droite à la gauche pareillement en un an, marquant les jours de Vigiles & de Fêtes, ce qu'il a dû faire pendant un fiécle, mais il eft prefentement arêté. Le troifiéme qui eft au milieu des deux précédens eft fixe. Au bas de tout le Tableau on voit un Pelican portant un Globe, & fur ce Globe le Soleil & la Lune font figurez & font leur cours diurne dans le Zodiaque en 24 heures. Les Tableaux qui font aux deux côtez ont fervi autrefois à marquer les Eclipfes du Soleil & de la Lune, mais tout cela ne marche plus. Pour ce qui eft du 2 étage, il paroit au milieu d'un grand Tableau un Aftrolabe qui marque le cours du Ciel, & à l'entour les quatre faifons font dépeintes; il y a auffi une Montre marquant les heures & les minutes, & au deffous les fept jours de la femaine figurez par les fept Planetes qui paffent en Chariot; on y voit auffi un vifage de Lune qui fait paroitre fes Phafes & fon âge. Le troifiéme étage où la partie fuperieure de l'Horloge fait voir les quatre âges de l'homme figurez par des images qui paſſent & ſonent les quarts-d'heures ſur de petites Cloches, & la mort vient enſuite chaſſée par un Chriſt reſuſcité qui lui permet toutefois de ſoner l'heure pour ſe ſouvenir de la mort ; l'Arche du côté droit, qui ſert à enfermer les poids & autres inſtrumens, eſt terminée au ſomet par un Coq, qui avertit par ſon chant quand l'heure doit ſoner, & qui alonge le col, bat des aîles, & chante ſi naturelement qu'on jureroit qu'il eſt vivant & animé. On voit au bas le Portrait de Copernic qui acheva cette admirable piéce en 1573.

Mais l'Horloge qui eſt à côté du Chœur de la Cathedrale de Lion eſt la plus machinale qui ait jamais été, ſurpaſſe de beaucoup celle de Strasbourg, & a d'étonantes ſingularitez. La premiere choſe qui la fait admirer, eſt un grand Aſtrolabe dans lequel les mouvemens des Cieux ſont ſi bien repreſentez, qu'on peut y reconoître diſtinctement & exactement le cours des Aſtres & univerſelement l'état du Ciel à chaque heure du jour. Le Soleil y paroît ſur le Zodiaque dans le degré du ſigne où il doit être, & marque journelement ſon lever & ſon coucher, la longueur des jours & des nuits, & même la durée des crepuſcules avec une justesse surprenante. La Lune qui n'y paroît jamais éclairée que du côté qui regarde le Soleil, marque par là aussi bien que l'Aiguile son âge, son acroissement & décroissement insensible & enfin sa plenitude. Non seulement les 12 Maisons du Ciel y sont tres-nétement distinguées, mais aussi la division des jours en 12 parties égales. Une grande Allidade traversant tout cet Astrolabe represente le premier mobil, donc le mouvement du Soleil dans l'écliptique, & marquant de ses extremitez les 24 heures du jour, indique en même tems le mois & le jour courant aussi bien que le degré du signe que le Soleil parcourt ce jour-là. Mais ce qu'il y a de plus admirable, c'est que pendant que cette Allidade acheve en 24 heures son mouvement d'Orient en Occident, tout le sistême & chacune de ses parties conservent ses mouvemens particuliers, & toutes les révolutions particulieres s'achevent chacune en son tems sans désordre ni confusion. La plupart des Etoiles fixes sont posées tout à l'entour dans leur veritable situation, en sorte qu'on peut voir à toute heure celles qui sont dessus & dessous l'horison. Il y a au dessous de cet Astrolabe merveilleux un Calendrier pour 66 ans, qui marque les années depuis la naissance de J. C.

le nombre d'Or, l'Epacte, la Lettre dominicale, les Fêtes mobiles; & le tout change dans un moment le dernier jour de l'anée à minuit. On y voit un Almanach perpetuel qui marque les jours du mois, les Ides, les Nones, les Calendes, la Fête du jour, l'Ofice qu'on doit lire à l'Eglife, & le Cicle des Epactes : enfin on peut dire que cette Horloge eft un vrai Microcofme. Auffi-tôt que le Coq a chanté, les Anges qui font dans la Frife du Dôme entonent l'Hymne de S. Jean, *Ut queant laxis*, en fonant de petites Cloches avec une juftefle qui done du plaifir. Une autre fingularité qui n'eft pas moins remarquable, c'eft celle des jours de la Semaine, qui font reprefentez par des figures humaines placées dans des niches où elles fe fuccedent les unes aux autres reglement à minuit; la premiere figure qui reprefente le Dimanche eft un Chrift refufcité avec ce mot au deffous *Dominica*; la feconde eft une mort *Feria fecunda*; la troifiéme eft un S. Jean, *Feria tertia*; la quatriéme un S. Etiene, *Feria quarta*; la cinquiéme un Chrift qui foutient une Hoftie, *Feria quinta*; la fixiéme un enfant qui embrefle une Croix, *Feria fexta*; la feptiéme une Vierge, parce que ce jour lui eft confacré, *Sabatum*. C'eft ainfi que l'Ingenieur de cette Horloge a exprimé les jours de la Semaine pour suivre en cela la coutume de l'Eglise Romaine qui ne les apéle point come nous, Lundi, Mardi &c. mais *Feria secunda, tertia, quarta &c.* Mais ce qu'il y a de plus singulier encore, c'est qu'au côté droit de l'Horloge, il y a un autre Quadran pour les heures & les minutes, dont la figure étant tout à fait ovale, il faut que l'Aiguille qui indique s'alonge & s'acourcisse de 5 pouces à chaque bout deux fois par heures, ce qui jéte dans l'admiration tous ceux qui examinent son mouvement. Elle fut achevée par Guillaume Nourisson en 1660, & inventée par le Mathematicien Lippius de la Ville de Basle, auquel on dit que les Chanoines de Lion ont fait crêver les yeux pour l'empêcher d'en faire une pareille, mais c'est une fable qu'on s'est plû à debiter pour rendre ce chef-d'œuvre encore plus admirable. Loin de recevoir un si injuste traitement, il eût une pension considerable jusqu'à sa mort, & fut en telle estime, que son Portrait se vendoit publiquement come ceux des Princes & des Rois, jusques-là que plusieurs Particuliers de Lion le gardent fort précieusement avec cette inscription au bas, Lippius Basiliens. ætat. 32. A 1598.

Le Temple de S. Pierre de Rome est
le

le plus vaste, le plus pompeux & le plus auguste de l'Univers ; il est fait en Croix, de 840 pieds geometrics de longueur, de 725 dans sa plus grande largeur, de 300 de hauteur & de 2470 de circuit ; sa Voûte est richement dorée, & il est couvert de plomb & de cuivre doré ; il est revêtu de marbre fin dedans & dehors, & les piéres n'y sont attachées qu'avec du métail ; il est pavé de grands careaux de marbre & orné de plus de 30 colones, dont les anciens Empereurs ont dépoüillé l'Asie, parmi lesquelles il y en a 12 de marbre blanc, que Vespasien fit enlever du Temple de Salomon. En un mot des richesses immenses éclatent dans toutes les Chapéles de cet incomparable & saint Edifice, dont le Vestibule même contient près de 300 pieds de long, de 50 de large, & de 135 de haut. L'Eglise de S. Jean de Latran est tres-considerable, toute pavée de marbre, & soutenue de quatre rangs de colones dorées. Le Palais de S. Pierre dit du Vatican, sejour ordinaire des Papes est d'une fort vaste étenduë, contenant 5000 Chambres ou Cabinets avec 3 rangs de Galeries ornées de peintures qui representent les principales & plus celebres Histoires de l'anciéne & de la nouvéle Alliance.

D

Mais il est remarquable qu'il n'y ait point de Ville dans le monde, où la Police soit mieux administrée qu'à Rome ; les denrées de toute espece y étant taxées dans les Marchez, Boutiques & Hôteleries, où persone ne peut rien vendre que sur le pied de la taxe. On voit dans les Tarifs afichez dans toutes les Hôteleries le prix du pain, du vin, de la viande &c. pour l'instruction des Etrangers, & afin que les Hôteliers ne trompent point ceux qui ignorent la langue, ou qui ne savent pas lire, les Sbires Soldats Romains arêtent souvent dans les ruës les Etrangers pour leur demander où ils sont logez, & ce qu'ils païent par repas afin de mettre à l'amende les contrevenans aux ordres de Police ; & pour les mieux surprendre, ces Sbires se déguisent quelquefois en Etrangers & vont loger chez ceux qu'ils soupçonent.

Le Temple de sainte Sophie de Constantinople est un Vaisseau d'une grandeur extraordinaire. Il avoit cent Portes, & il y en a encore 16 au Frontispice. Son Dôme qui contient 40 mil persones est apuïé sur de grosses colones de piére qui le soutienent. Il y a dans ce Dôme 500 Lampes allumées avec des ieux d'Autruches qui rendent une beauté admirable. Le grand Turc y étant, est caché par une jalousie qui regarde la contenance d'un chacun, parce qu'il faut que tout s'y passe avec grand respect. Quel exemple & en même tems quelle confusion pour nous!

La police de Venise est si belle qu'Athene, Carthage & Lacedemone n'ont peut-être jamais rien eu qui fut si bien ordoné. Il s'y voit un superbe Arsenal capable d'armer une des plus nombreuses & des plus grandes armées de terre & de mer. Un fort grand nombre des Edifices & Palais de cette vaste Ville sont plus pompeux & plus magnifiques que ceux de l'anciene Rome. Elle est si riche, que 12 familles bourgeoises ofrirent il y a quelques anées plus de 5 milions de Ducas pour avoir le titre de Noblesse. On seroit infini, si on entreprenoit de décrire 60 Isles de ses alentours, 150 Palais, 17 Hôpitaux, 70 Paroisses, 85 Monasteres, 200 Statues de marbre ou de bronze, 500 Ponts, 30 mil Gondoles, une infinité de Canaux, & de Galeres journélement entretenues par 2 mil ouvriers. La Place de S. Marc est un lieu si riche & si beau, que les plus superbes bâtimens de l'Europe doivent lui ceder: elle est environée de trois grands Palais construits de marbre si magnifiques, qu'on les assure surpasser l'idée & les desseins des plus illustres Architectes ; car leur reguliere simetrie, la hauteur des Pilastres, la propreté des Niches, la richesse des Statues, le cristal de leurs superbes croisées & la delicatesse d'une Frize d'albâtre ont tant de beautez surprenantes, qu'on ne peut se les figurer sans les avoir vûes, ni les representer après les avoir admirées. Mais ce qui met le dernier comble à la beauté de Venise, c'est l'Eglise de S. Marc qui termine cette Place. Cet auguste Temple est construit de marbre & divisé en 5 Dômes couverts de plomb : le pavé de Jaspe & de Porphire travaillé à la Mosaique est plus que précieux : le Maître-Autel est soutenu par 4 grands Piliers sur lesquels l'ancien & le nouveau Testament sont en relief, & la Chapéle du S. Sacrement par 4 Colones d'albâtre qu'on croit avoir servi au Temple de Salomon. Le Tresor est un des plus inestimables & des plus respectables de toutes les Eglises de l'Univers, il est enrichi des plus précieuses Reliques, d'Agates, de Turquoises, de Saphirs, de Rubis, de Perles, d'Emeraudes, de Diamans, entr'autres de deux prodigieux Escarboucles & de cinq autres plus petits, dont le moindre est estimé un milion. Jugez du reste.

Le Temple de N. D. d'Anvers est un

des plus beaux & des plus pompeux de l'Univers, une de ses Tours qui est élevée de terre de 660 marches est chargée de 33 grosses Cloches, sa Nef est enrichie d'une infinité de rares Peintures avec un Jubé & 3 Maîtresses Portes construites d'or & de marbre. Mais il n'est point de termes assez énergiques pour exprimer parfaitement les richesses, le prix, l'éclat & la beauté de l'Eglise des Jesuites de cette Ville; la nature n'a, ce semble, rien produit de rare, & l'art rien inventé de beau qui ne s'y rencontre; le jaspe, le marbre, le porphire, l'or, l'argent, les agates, les perles, les diamans, la reguliere simetrie, l'ecellente sculpture, la delicatesse des gravures & une infinité de parfaits tableaux y font briller un lustre qui ne se peut assez admirer. Ce Temple est pavé de marbre, a 2 bas côtez l'un sur l'autre soutenus par 56 colones d'albâtre; leurs 4 Voutes sont fermées de 38 grands tableaux à bordure dorée, & les murs percez de 40 croisées sont revêtus de marbre; la grande Voute fort élevée est d'une fine sculpture, chargée d'un Dôme des plus clairs & des mieux pratiquez. On ne sauroit vous dépeindre le Maître-Autel, tout y est marbre ou jaspe, ou porphire, or ou perles, ou rubis. La Chapéle de N. D. n'est pas moins riche; le pavé, les côtez & la voute sont de marbre avec 6 Statues d'albâtre, de N. D, de S. Joseph, de Sainte Anne, de Sainte Catherine, de Sainte Christine, de Sainte Susane. Le Tableau de l'Autel represente l'Assomption de la B. Vierge; Dieu le Pere y paroît au dessus, une Courone d'or pur à la main avec ces mots: *Veni coronaberis.* 5 autres Chapéles & le Portail sont encore des plus magnifiques. Mais ce miracle du monde en fait de Lieux Saints a, dit-on, éprouvé un des plus désolans déchets par le feu.

L'auguste Temple de Notre Dame de Paris a 120 Piliers qui en soutienent les dedans, 43 Chapéles où on celebre la Messe, 124 Chapélenies, 108 Colones toutes d'une seule piére à une Galerie fort large qu'il a au dessus, 66 toises de longueur, 24 de largeur, 17 de hauteur au dedans non comprise la couverture de Plomb; les 2 Tours où on monte par environ 400 marches ont 34 toises de hauteur, & une Cloche qui pese près de 32 mil livres. Il est un des plus hardis & des plus somptueux Edifices, tout y remplissant d'admiration ceux qui le regardent. On croit que ses fondemens ont été jettez par Hugue Capet vers 980, & que par les soins de l'Evêque Sully, tout fut achevé en

1180; le Maire par les raisons des Auteurs qu'il cite dans son Paris ancien &c. fait conjecturer que S. Pierre vint de Rome à Paris où il posa la 1 piérre à la Chapéle de la Vierge de cette Cathedrale. 6 Papes ont été Chanoines de Paris, entr'autres Gregoire IX, Adrien V. & Boniface VIII. qui institua le Jubilé de 100 en 100 ans, que Clement VI. réduisit de 50 en 50 ans, Urbain VI. de 33 en 33 ans pour honorer les anées temporeles de J. C. & Paul IV. de 25 en 25 ans. 32 Cardinaux, 32 Archevêques, & près de 150 Evêques ont été Chanoines ou Archidiacres ou Doïens de la Cathedrale de Paris. C'est S. Loüis qui fit construire l'Edifice de la Sainte Chapéle qui est un des plus beaux ouvrages de l'Europe, ne portant que sur de foibles Colones en apparence, mais qui relevent en perfection sa délicatesse, dautant plus qu'il n'est soutenu d'aucun Pilier dans œuvre, bien qu'il y ait 2 Chapéles l'une sur l'autre. S. Eustache un des plus beaux bâtimens de l'Europe fut comencé en 1532. S. Gervais a un Portail de piére de taille d'une tres-agréable disposition, qui fut achevé en 1600. Le Val-de-Grace fut fondé en 1645 par la Reine Anne d'Autriche; il est bâti avec tant de magnificence, que cela surpasse presque toute l'idée de beauté qu'on se peut former ; il est le sujet de l'étonement de tous les curieux, on y admire les peintures excélentes, les bas reliefs, les colones & les figures de marbre, & tous avouent que ces parties incomparables composent un Edifice sans pareil ; le Dôme porte un morceau de peinture si riche & si fini, que le Poëte pour l'exprimer dit ces élegans vers à la loüange de Mignard qui l'a fait par le dernier effort de son art.

Il peint les Passions, il rend l'Ame visible,
De la Divinité fait un être sensible,
Represente la grace, à la gloire il atteint ;
Ce que l'œil ne peut voir, son adresse l'exprime ;
Comme Paul il s'éleve au Ciel le plus sublime ;
Il voit ce qu'il y vit, il fait plus, il le peint.

Ce fut le grand Clovis qui fit bâtir en 490 le Temple de Sainte Geneviéve dedié par S. Remi à l'honeur des SS. Pierre & Paul. Il dona en même tems une partie de Vaugirard, Vanves & Greneles pour y fonder des Chanoines. On tient que longtems avant Clovis il y avoit une Chapéle dediée à ces grands Apôt. dans la Cave qui est sous le Chef de l'Eglise, où s'assembloient les premiers Chrétiens qui bâtissoient des Chapéles souteraines pour y ofrir leurs prieres & sacrifices pendant les persecutions, perfecutions. S. Etiene du Mont eft d'une haute antiquité, on y admire les Efcaliers pour monter à la Tribune, come auffi la Chaire du Prédicateur, qui eft la plus béle de Paris ; l'Hôtel de Cluni & d'autres Maifons de la ruë des Mathurins, come auffi la Ferme de Grenele & autres Maifons, Moulin & lieux éloignez font de cette Paroiffe, parce qu'ils fe trouvent fur la cenfive de Sainte Geneviéve, dont Saint Etiene dépend : le Colége d'Harcourt releve auffi de S. Hilaire, d'autant qu'il eft fitué dans la cenfive du Chapitre S. Marcel, auffi bien que S. Hilaire, car le téritoire des Paroiffes s'étoit autrefois reglé par les cenfives, & non par le fleau de la pefte, come nous entendons dire tous les jours que la Ferme de Grénéle apartient à S. Etiene du Mont, & le Colége d'Harcourt à S. Hilaire par ce beau titre là. L'Abaïe S. Germain fut fondée vers 542 par Childebert Fils de Clovis ; il eft remarquable que du tems du Concile de Conftance, on contoit dans l'Ordre de S. Benoît 55460 Saints, 36 Papes, 200 Cardinaux, 1164 Archevêques, 3512 Evêques, & 1500 Abez. L'Eglife de S. Loüis de la ruë S. Antoine eft un morceau d'Architecture tres fini & le dedans feroit inimitable, fi le Maître Autel étoit plus élevé ; la

E

Chaire du Prédicateur y eſt un travail des plus hardis qu'il y ait en France ; les Conteſſionaux y ſont admirablement bien travaillez & paſſent pour les réguliers de Paris. Le deſſein de l'Egliſe des PP. de l'Oratoire ruë S. Honoré eſt fort eſtimée pour ſa regularité. Un des plus remarquables & des plus miraculeux évenemens de Paris eſt celui de S. Pierre aux Bœufs, ainſi nomé, parce que deux heretiques refuſans de ſe proſterner devant le S. Sacrement qui ſortoit de cette Egliſe, deux Bœufs qui ſe trouverent là s'agenoüillerent à leur maniere pour confondre ces pauvres aveugles; les deux gros Bœufs de piére agenoüillez aux deux cotez de la Porte en feront un monument éternel.

Sujets divers des plus curieux dans l'Europe, en France & dans Paris.

LA Picardie porte du Bled en ſi prodigieuſe quantité, qu'on la nome le Grenier de Paris ; ſes Peuples ſont dits Picards, d'autant qu'ils ſe ſont ſervis les premiers de Piques à la guerre. La Cloche de George d'Amboiſe de Roüen péſe plus de 40 mil livres ; on y voit à S. Oüen une Roze de Vître remarquable par la mort du Maître & de l'Aprenti. Les enfans de Gomer fils de Japhet, fils de Noé ont jeté les premiers fondemens de Chartres; & quelques-uns pensent qu'ils y bâtirent un Temple par inspiration divine à une Vierge tenant un enfant entre ses mains, qui y faisoit même plusieurs miracles. Pepin fonda autrefois une Abaïe à Moissac en Querci, Province de France pour nourir mil Moines. Beziers est une Ville si agreable qu'on dit proverbialement; si Dieu vouloit choisir un séjour, ce seroit celui de Beziers. Les meilleures Haquenées d'Espagne se trouvent au Païs d'Asturie. Cardone en Catalogne est remarquable par sa Montagne dont la terre ressemble à la farine, sa Fontaine dont l'eau est rouge come du vin, & son sel diversement coloré qui devient blanc come neige quand il est broïé. Le Monastere de Lescurial à 5 lieuës de Madrid, qui fut fondé par Philipe II. à cause de la bataille qu'il gagna contre les François à S. Quentin, a dix mil pésans de clefs pour ouvrir ses Portes, & coûté 20 milions d'or. Amsterdam est nomé le magazin de l'Univers; sa Bourse est un bâtiment achevé où se rendent toutes les Nations, & son Hôtel de Ville est vaste & toute construite de marbre & d'une architecture admirable. On assure que le Roi Pepin bâtit N. D.

de Valenciéne où S. Geri Paroiſſe a un des plus hauts & des plus ſublimes Clochers de l'Univers. L'Épiſcopale de Liége eſt ſi riche en Canonicats, qu'elle eſt dite le Paradis des Prêtres. Les Bourguignons ſont, dit-on, nomez ſalez, parce qu'ils ſont grand comerce de ſel. Le Palais du Duc de Mantoue eſt ſi vaſte qu'il peut loger 5 Rois avec leur Maiſon, il a 550 Chambres richement meublées. Boulogne la graſſe, dit le proverbe, mais Padoue la paſſe. Dans Rome on y conte 22 mil Maiſons ſans les Palais, 815 Paroiſſes, 42 Egliſes nationales, 110 Maiſons Religieuſes, 30 Hôpitaux, 110 Compagnies de Penitens, beaucoup de Coléges & 7 Egliſes principales. L'Inventeur de l'Orviétan étoit d'Orviéte Ville d'Italie. 22 Evêques de Ravene ſont au nombre des Martirs. Dans le Roïaume de Naple on y voit tant de fleurs au Printems & tant de fruits en Automne qu'on l'apéle le Paradis habité par des diables. A Ratisbone en Allemagne il y a autant d'Egliſes que de jours dans l'anée ; ſes Citoïens ont le privilége de jetter dans le Danube leurs enfans incorigibles : & ce qui eſt tout-à-fait remarquable, eſt qu'au comencement de l'Hiver les Irondeles s'atachent les unes aux autres & ſe jétent dans ce fleuve pour y demeurer juſqu'au Printems qu'elles en fortent. Villigifis I Archevêque de Maïence honoré de l'Electorat étoit fils d'un Chartier, & pour conferver la memoire de fon origine prit pour fes armes une roue que fes fucceffeurs ont toujours gardée. Le toneau d'Heidelberg contenoit près de 360 muids de vin de Paris. La Maifon de Ville d'Ausbourg eft un chef-d'œuvre, & le Pont de piére conftruit d'une feule Arche en eft un autre à Nuremberg. Les nobles Danois font tous égaux. Il y a près de 85 mil nobles en Pologne. On conte 3 Dimanches à Vilne en Lithuanie, celui des Chrétiens, celui des Turcs qui vient le Vendredi, & celui des Juifs qui eft le Samedi. Les Prêtres de l'Ordre des Chevaliers Teutoniques ont le privilege de dire la Meffe l'épée au côté. Les eaux de Bude font fi medecinales & fi éficaces que la plupart de ceux qui en boivent s'écrient, Seigneur que vous êtes admirable dans les eaux d'Hongrie. On dit comunément que tous les Peuples ont quelque chofe de bon excepté les Africains. De la montagne voifine de Ceuta Ville d'Afrique qui eft aux Efpagnols, il s'éleve 7 fomets fi femblables qu'on les apéle les 7 freres. Proche Hipone Ville natale de S. Auguftin, il fe trouve une famille chrétiene d'une probité fi finguliere, qu'elle

E iij

conserve le nom de chrétien & la religion dans sa pureté entiere depuis plus de 300 ans. Les Normans sont originaires de Norvege. Après une telle origine, voïons celle de plusieurs choses remarquables de Paris. La place de Gréve est ainsi nomée du mot Latin, *grave*, à cause des grands suplices qu'y souffrent les malfaiteurs en expiation de leurs crimes. La place Maubert tire son avantage d'Albert le grand qui enseignoit en cette Ville où la Classe étant trop petite pour contenir le grand nombre de ses écoliers fut obligé de faire ses leçons au milieu de cette Place qui en a retenu le nom de Place Maubert ou de Maître Albert. La Place Sorbone qui est assez béle est richement embélie par le Portail de l'Eglise de Sorbone, qui est sans contredit un des plus beaux de Paris. On croit que la Place de la Croix du Tiroir est ainsi nomée du suplice de la cruéle Reine Brunehaud qui aïant été convaincue d'avoir fait mourir dix Rois fut condamnée en 614 à être atachée à la queue d'une Cavale indomtée qui lui cassa la tête en la traînant sur les cailloux, ou à être tirée à 4 chevaux vis-à-vis où cette Croix est plantée. Philipe Auguste voulant établir une Foire dona en échange le lieu où est actuelement la Foire S. Laurent pour le quartier nomé Champeaux où il fit bâtir 2 grandes Maisons nomées Halles du mot d'aler, à cause que tout le monde y va au Marché. Le droit de tenir la Foire S. Germain fut octroïé à l'Abaïe S. Germain par Loüis XI en 1482. La Valée de misere qui étoit auparavant un Marché proche le grand Châtelet fut ainsi nomée, parce qu'en 1496 la Seine se déborda jusque dans les Maisons de cette Valée, & pour memoire d'un tel débordement on a gravé sur une piére de la Maison qui faisoit le coin ces quatre vers,

Mil quatre cens quatre-vingt seize,
Le septiéme jour de Janvier,
Seine fut ici à son aise,
Batant le siége du Pilier.

La Place du Puits Certain retient ce nom de Robert Certain Curé de S. Hilaire qui fit bâtir le Puits Certain en 1550. Lisez l'Epitafe de Moliere enterré dans le Cimetiére de S. Joseph.

Il est passé ce Moliere,
Du Theâtre à la Biére,
Le pauvre home a fait un faux bon,
Et cetant renomé boufon
N'a jamais sû si bien faire

E iiij

Le malade imaginaire ,.
Qu'il a fait le mort tout de bon.

Autre Epitafe.

Eſt-ce là le bon Moliere
Que l'on conduit au Cimetiere ?
Ce diſoit un de nos voiſins,
Non répond un Apoticaire ;
C'eſt un malade imaginaire
Qui ſe moque des Médecins.

Liſez l'Epitafe du Maréchal de Biron enterré à S. Paul.

Biron a tant aimé les armes,
Que leur aïant laiſſé ſon col,
A laiſſé le reſte à S. Pol,
Come vrai Patron des Gens-d'Armes.

Autre Epitafe.

Paſſant qu'il ne te prene envie
De ſavoir ſi Biron eſt mort,
Car quiconque aura ſû ſa vie,
Ne poura pas croire ſa mort.

Liſez le Teſtament de Rabelais enterré dans le Cimetiere de S. Paul.

Je dois beaucoup, diſoit-il, je n'ai rien vaillant, je done le reſte aux pauvres. Il voulut, dit-on, rendre les derniers ſoupirs dans son Camail, qu'il apéloit son Domino par dérision en proferant ces paroles, *Beati qui in Domino moriuntur*, ce qui ocasiona cette Epitafe.

Pluton Prince du noir Empire,
Où les tiens ne rient jamais,
Reçois aujourd'hui Rabelais,
Et vous aurez tous de quoi rire.

S. Etiéne des Grez est ainsi nomé *a gradibus*, parce qu'il faut monter pour y aller. On voit à S. André l'Epitafe du celebre Christophe de Thou le premier des Magistrats qui eut carosse, dont il ne se servoit pas même pour aller au Palais & au Louvre; qui plus est, cette voiture étoit il y a peu de siécles inconue aux plus grands Princes, & ce fut un Prince de Condé qui le premier y fit mettre des glaces. Montmartre se nome ainsi, come si on disoit le Mont martire, parce que S. Denis y fût décolé avec ses compagnons. Le nom de bons homes est resté aux Minimes depuis que Loüis XI. & Charles VIII. nomoient ainsi S. François de Paul & ses disciples en consideration de leur douceur & de leur simplicité; & les Petits Peres se noment ainsi depuis qu'Amet & Mathieu tous deux fort petits se furent presentez à l'Anti-Chambre de Loüis XIII qui les aians aperçus demanda, qui étoient ces

Petits Peres là. Les patentes de S. Loüis donées à Sorbon portent que le Colége de Sorbone est dans la ruë de devant le Palais des bains. Ce Palais est actuélement l'Hôtel de Cluni, & à la Croix de fer ruë de la Harpe, on voit ces bains contigus à cet ancien Palais, fejour de Julien l'Apostat, quand il venoit à Paris. La ruë de Sorbone s'apeloit anciénement ruë coupe gorge à caufe des frequens maffacres qui s'y faifoient; c'est pour cette raifon qu'on a mis aux 2 bouts des Portes qui fe fe ment la nuit. Le Quai de l'Ecole est ainfi apelé, à caufe que l'Ecole ou la Chambre comune des Chirurgiens de la famille Roïale a toujours été en ce quartier là. Le Quai Malaquais revêtu de piéres de taille est un des plus grands ouvrages qu'on ait fait à Paris. Philipe le Bel fit bâtir en 1312 le Quai des Auguftins où il n'y avoit pas même de murailles alors, ce Quartier n'étant qu'une Sauffaïe où tout le monde alloit fe promener, mais la riviere caufoit de grands dégats dans la Ville par fes frequens débordemens. Le Quai des Bernardins est ainfi apelé de l'Eglife des Bernardins qui en est affez proche. Le Quai S. Landri le plus ancien de Paris s'étendoit jufqu'à la derniere maifon proche le Pont de bois; tous les vivres y abordoient par eau, lorfque Paris n'étoit que ce que nous apelons la Cité. Le Pont N. D. fut comencé en 1507 & reparé tel qu'on le voit en 1660; ses maisons sont bâties de brique & d'une même simetrie. Henri III. posa en 1578 la premiere piére du Pont-neuf qui fut achevé en 1604 par Henri IV. Le Pont au change appellé le grand Pont jusqu'à 1141 qui fut appellé le Pont au Change, à cause que Loüis VII. ordona que tous les Changeurs de Paris y demeurassent, n'étoit que de bois & fut rebâti nombre de fois, étant tombé nombre de fois dans la riviere par la violence des glaces & des eaux; sa construction d'aujourd'hui fut comencé sous Loüis XIII. & finie en 1647. Le Pont S. Michel s'apéle ainsi, parce qu'il conduit à la Porte S. Michel, ou bien à cause de l'Eglise S. Michel de la Cour du Palais. Le petit Pont est apelé petit pour le distinguer du Pont au change apelé le grand Pont; ce sont les deux plus anciens de Paris. Le Pont Marie a retenu le nom de son fondateur Christophe Marie. Le Pont de la Tournele est ainsi nomé, parce qu'il a à une extremité la Tournele sejour des deputez pour les Galeres. Le Pont au double est bien nomé, son comis demandant un double pour le passage. Le pont dormant dort toujours, parce que son eau ne coule point & aime le repos. Le pont au Choux a pour ses plus beaux dehors des Jardinages pleins de Legumes & particulierement de choux. Le pont aux tripes qui se nome auſſi des Goblins, parce qu'il conduit aux Manufactures de ce nom, reçoit de frequentes viſites par les Coroïeurs & les Tripiers. Jean Alais fit bâtir le pont de ce nom proche S. Euſtache & voulut être enterré dans ſa boue interieure par un remords de conſcience d'avoir mis l'impôt d'un ſeul denier ſur chaque panier de poiſſon qui ſe vendoit aux Hales, aïant auparavant fait bâtir une Chapéle à S. Agnes par eſprit de penitence pour y faire ofrir des ſacrifices pour ſon ame après ſa mort. Les Fontaines & les Puits des Palais, Hôtels, Monaſtéres, Coléges & tant de Maiſons de Particuliers de Paris ſont inombrables; il y a 60 Fontaines publiques, dont celle de S. Innocent ſe diſtingue par la beauté de ſes figures admirablement bien travaillées. La Fontaine du diable ruë de l'échele avoit autrefois force demons pour voiſins. Le petit S. Antoine ſemble avoir doné ſon nom à la ruë & à la Porte S. Antoine qui conduit auſſi à l'Abaïe de ce nom. Le Prieuré S. Martin a doné le ſien à la Porte S. Martin. L'Egliſe des Bernardins a cedé le ſien auſſi à la Porte S. Bernard qui en est voisine. La porte S. Loüis conduit à l'Hôpital de ce nom. La porte S. Marcel vient de l'Eglise S. Marcel. La porte S. Michel abatue il n'y a pas 50 ans se nomoit anciennement porte d'enfer, parce qu'elle conduisoit au Château Vauvert où il y avoit des diables qui faisoient d'horribles cris, en sorte que persone n'étoit assez hardi d'aprocher de ce Château situé dans une Valée dite, *Vallis viridis*, de peur d'être bien repassé par ces droles de mauvaise mine: c'est où sont actuélement cantonez les Chartreux qui ont eû le secret de chasser ces diables par la priere. La porte de la Conference fût rebâtie dans le tems que le Card. Mazarin & Loüis Daro tous deux Ministres de France & d'Espagne tenoient des conferences pour la paix generale. La porte S. Honoré tire son nom de l'Eglise S. Honoré. La porte Montmartre conduit à la montagne de ce nom. La porte & la ruë de Richelieu furent bâties il y a 90 ans par le Card. de ce nom. La porte Barbéte vieille ruë du Temple tiroit ses titres de noblesse de Barbéte qui avoit là de béles maisons qui furent toutes bélement pillées en 1306 par le Peuple, parce que cet honnête homme avoit été l'auteur de la diminution de quelque monoïe. La porte S. Denis se tient trop honorée de porter le nom de la Ville

& Abaïe dépositaire des reliques de nos Rois & du Maréchal de Turene qui y fut porté en 1675 par ordre du Roi. Lisez son Epitafe.

Turene a son Tombeau parmi nos Rois;
C'est le prix glorieux de ses fameux Exploits :
On a voulu par là couroner la vaillance,
Afin qu'aux siécles à venir,
On ne fit point de diférence
De porter la Courone, ou de la soutenir.

Les Fenêtres de l'Eglise S. Denis sont si nombreuses & si bien ordonées qu'on dit comunement pour faire une belle Eglise, qu'il faut lui doner le jour & la clarté de S. Denis, les Tours de N. D. de Paris, le Portail de l'Eglise de Rheims, le Chœur de la Cathedrale de Beauvais, la Nef de S. Firmin d'Amiens, & le Clocher de N. D. de Chartres. Il faut remarquer ici que toutes les Croix qui sont sur le chemin depuis Paris jusqu'à S. Denis, faites en piramides où sont les éfigies de 3 Rois avec une Croix à la pointe, ont été construites pour servir de reposoir lorsqu'on a porté le Corps de S. Loüis à S. Denis.

Singularitez plus curieuses & plus remarquables les unes que les autres.

ON dit comunement que pour avoir une Eglise parfaite il faudroit joindre le Chœur de Beauvais, la Nef d'Amiens, le Portail de Rheims, le Clocher de Chartres avec les Tours de N. D. de Paris. Si Maître George d'Amboise de Roüen, les Cloches d'Erford en Alemagne, de Pekin dans la Chine, & de Moscou & de quelques autres encore avec la grosse de N. D. de Paris en étoient le carillon, cette Eglise feroit la merveille de notre siécle. La Cloche d'Erford pese 25400 l. celle de Pekin 120000 l. celle de Moscou 340000 l. & il faut plus de 20 homes pour l'ébranler.

Le grand Clocher de la Cathedrale de Rodez est le miracle de toute la Guiene. Aussi dit-on proverbialement Portail de Lonques, Voûte de Cahors, Eglise d'Albi, Aiguille de Tulle, Cloches de Mende, & Clocher de Rodez.

Du haut de la montagne nomée Rheume qui est à quelques lieuës de Bayone, on découvre 4 Roïaumes, savoir la France, l'Espagne, la Navare & l'Aragon. Du haut d'une montagne entre Narbone & Quarente on voit 42 Villes, & 25 du haut du mont Caſſel en Flandre.

On montre dans le Couvent de l'Obſervance de Marſeille la fameuſe tête de Borduni fils de Notaire, car quoique cet home n'eut que 4 pieds de haut, ſa tête a le quart de cette hauteur & 3 pieds de tour par le côté; & quoique cette tête fut bien remplie de cervele elle contenoit toutefois ſi peu d'eſprit, qu'on dit proverbialement d'un home dépourvû de bon ſens, il a l'eſprit de Borduni.

Dans l'Egliſe des Obſervantins de Touloufe il y a une cave qui conſume la chair des corps morts ſans gâter leur peau, ni diſloquer leurs membres.

Tout eſt rare à S. Martin de Tours, particulierement les caves goutieres où l'eau ſe petrifie & forme diverſes figures.

L'eau de la Fontaine de Clermont en Auvergne ſe petrifie en tombant, & on aſſure que le Pont qu'on y voit eſt naturellement formé de cette eau petrifiée: ce Pont a 8 braſſes de largeur, 6 d'épaiſſeur, & 36 de longueur.

A quelques lieuës de Perpignan on trouve une Fontaine d'eau ſalée qui ſort d'un rocher en ſi grande abondance qu'elle forme à ſix pas de ſa ſource une riviere ſur laquelle on a bâti un Pont de pluſieurs arcades.

A

À deux lieuës d'Angoulême il fort d'un abîme une Fontaine qui n'augmente ni ne diminue jamais. Un home qu'on y fit descendre raporta n'avoir vû que des rochers afreux & des poissons monstrueux qui l'auroient englouti, si on ne l'avoit retiré promptement.

Proche Miramont dans le Perigueux il y a une caverne nomée Cluseau qui s'étend à 5 ou 6 lieuës sous terre. On y voit des sales, des chambres & des apartemens pavez à la Mosaïque, des autels ornez de riches peintures, des fontaines, des rivieres & un fleuve qui a 120 piés de large, au-de-là duquel on aperçoit une vaste campagne où persone n'a encore eû la hardiesse d'aler planter des colonies. On n'ose entrer dans cette caverne qu'à force de flambeaux alumez & en bone compagnie.

Libourne est situé sur les bords de la Dordogne. On y voit une chose tout-à-fait surprenante. C'est que de tems en tems il part de la mer un certain tourbillon d'eau gros come un toneau qu'on apéle Macaret, & qui sans être agité d'un grand vent remonte la Dordogne avec tant d'impetuosité, qu'il renverseroit les plus grands vaisseaux s'ils se trouvoient à son passage; mais come on entend de plus de trois lieuës le grand bruit que fait ce tourbillon qui suit toujours le

F

rivage, les bâtimens prennent le milieu de la riviere; & par un inſtint digne d'admiration, les cicognes & les canards n'entendent pas plutôt ce bruit, qu'on les voit courir à terre pour ne point ſe trouver malheureuſement engagez dans le funeſte roulement de ces ondes.

A 6 lieues d'Orange le vent de Pontias ſoufle ordinairement depuis minuit juſqu'à dix ou onze heures du matin, & il eſt preſqu'auſſi froid que le vent du Nord d'où il ſort à une petite lieuë de Nyons par la fente d'un rocher où on a ſouvent jeté des piéres, deſcendu un plond ſans pouvoir trouver le fond. Come l'ouverture n'eſt pas bien grande on la boucha vers la fin du ſiécle dernier, reſta ainſi pendant 8 mois: mais on ſe vit bientôt obligé de la r'ouvrir, parce que la terre ne produiſoit rien; les Oliviers, les vignes & les autres arbres ſe ſecherent tellement que la recolte fut tout-à-fait ſterile, & même les habitans furent frapez de maladies contagieuſes qui en firent beaucoup mourir.

On a pratiqué un chemin ſouterain à travers du mont Pauſilipus ou grote de Naple, quoique ce ne ſoit que roche vive. Cette route a un mil de longueur, 13 piés de hauteur, & deux caroſſes peuvent y paſſer de front: elle ne reçoit de clarté que par les deux entrées, & par deux petites ouvertures qu'on a faites au haut de la grote vers le milieu où il y a une lampe qui brûle incessament devant l'image de la sainte Vierge : mais nonobstant l'obscurité de ce lieu on ne s'y embarasse jamais, parce que ceux qui vienent de Naple tienent toujours la droite, & ceux qui y vont prenent la gauche.

La grote de Denis le tiran est le plus considerable de toutes celles de Puzzole ; car on y voit une ville entiere taillé dans le roc avec des ruës souteraines, des Palais, des places & autres édifices admirables.

Le celebre auteur du voyage de Toscane assure qu'étant à Malte en 1637 le grand Maître Lascaris lui fit voir une montagne voisine du bosquet, dans les vastes concavitez de laquelle plusieurs familles étoient habituées de pere en fils depuis plusieurs siécles. Il admira, dit-il, l'industrie avec laquelle ces pauvres gens avoient sû rendre ces habitations comodes & agréables où ils se plaisoient télement, que quand ils étoient obligez d'aler au marché ils revenoient toujours avec empressement ne se trouvant jamais mieux que dans leurs demeures souteraines. Il parle de plusieurs habitations semblables, come celles de

F ij

Viterbe que Pierre Patiz & Paul de Venise mentionent auſſi dans leur hiſtoire.

L'Atlas chimic dit qu'au milieu de la Chine il y a ſous une haute & vaſte montagne des demeures ſouteraines de fort grande étendue, & aſſure qu'il y a même des lacs, des rivieres, des poiſſons, des herbages & des animaux de pluſieurs eſpeces.

On voit ſur une cheminée du Château Roïal de Montargis l'hiſtoire du chien qui vengea la mort de ſon maître. Ce chien n'eut pas plutôt reconu le meurtrier qu'il ſe lança ſur lui, lui aracha la tête & punit ainſi le crime de ce malheureux home.

Il y a une choſe remarquable dans la maiſon roïale de Chambor, qui eſt que les degrez ſont diſpoſez de façon, que ſi on veut monter à une chambre plus haute que celle où on ſe trouve, il faut décendre au lieu de monter, ce qui paſſe pour un prodige de l'art.

Il y a dans le Château d'Amboiſe un bois de Cerf, qui peſe 40 l. ce qui paſſe pour un prodige ſi extraordinaire, que pluſieurs ont crû que c'eſt une invention de l'art & non point une production de la nature. On voit encore ſur une cheminée de ce Château la repreſentation d'un home & d'une femme, dont la groſſeur eſt incroïable.

PRIVILEGE DU ROY,

LOUIS PAR LA GRACE DE DIEU, ROY DE FRANCE ET DE NAVARRE, à nos amez & feaux Conseillers, les Gens tenans nos Cours de Parlement, Maître des Requêtes ordinaires de nôtre Hôtel, Grand-Conseil, Prevôt de Paris, Baillifs, Sénéchaux; leurs Lieutenans Civils, & autres nos Justiciers qu'il appartiendra: SALUT, nôtre bien amé le sieur RAOUL, Nous ayant fait remontrer qu'il se seroit appliqué à composer un ouvrage qui a pour titre *Coup d'Oeil sur tout l'Univers & le Calendrier des plus curieux & raisonné*; qu'il souhaiteroit faire imprimer & donner au Public, s'il nous plaisoit lui accorder nos Lettres de Privilege sur ce necessaires; offrant pour cet effet de le faire imprimer en bon papier & en beaux caracteres suivant la feuille imprimée & attachée pour modele sous le contrescel des presentes; A CES CAUSES, voulant favorablement traiter ledit Exposant; Nous lui avons permis & permettons par ces Presentes de faire imprimer ledit Livre ci-dessus specifié en un ou plusieurs Volumes, conjointement ou séparément, & autant de fois que bon lui semblera sur papier & caracteres conformes à ladite feuille imprimée & attachée pour modele sous notredit contrescel, & de le vendre, faire vendre & debiter par tout nôtre Royaume, pendant le temps de huit années consecutives, à compter du jour de la date desdites Presentes; Faisons deffenses à toutes sortes de personnes de quelque qualité & condition qu'elles soient d'en introduire d'impression étrangere dans aucun lieu de nôtre obéïssance; comme aussi à tous Libraires-Imprimeurs & autres d'imprimer, faire imprimer, vendre, faire vendre, debiter ni contrefaire ledit Livre en tout ni en partie, ni d'en faire aucuns extraits sous quelque prétexte que ce soit d'augmentation, correction, changement de titre ou autrement; sans la permission expresse & par écrit dudit Exposant ou de ceux qui auront droit de lui: à peine de confiscation des Exemplaires contrefaits, de quinze cens livres d'amende contre chacun des contrevenans, dont un tiers à Nous, un tiers à l'Hôtel-Dieu de Paris, l'autre tiers audit Exposant, & de tous dépens, dommages & interêts; A la charge que ces Presentes seront enregistrées tout au long sur le Registre de la Communauté des Libraires & Imprimeurs de Paris, & ce dans trois mois de la date d'icelles; Que l'impression de ce Livre sera faite dans nôtre Royaume & non ailleurs, & que l'Impetrant se conformera en tout aux Reglements de la Librairie; & notament à celui du 10 Avril 1725. Et qu'avant que de les exposer en vente, le Manuscriou Imprimé qui aura servi de copie à l'impression desdits Livres sera remis dans le même état où l'Approbation y aura été donnée és mains de nôtre très-cher & feal Chevalier, Garde des Sceaux de France, le Sieur Fleuriau d'Armenonville, Commandeur de nos ordres; & qu'il en sera ensuite remis deux Exemplaires dans nôtre Bibliotèque publique, un dans celle de nôtre Château du Louvre, & un dans celle de nôtredit très-cher & feal Chevalier Garde es Sceaux de France, le Sieur Fleuriau d'Armenonville Commandeur de nos ordres, le tout à peine de nullité des presentes ; Du contenu desquelles vous mandons & enjoignons de faire joüir l'Exposant ou ses ayans cause pleinement & paisiblement sans souffrir qu'il leur soit fait aucun trouble ou empêchemens ; VOULONS que la copie desdites presentes qui sera imprimée tout au long au commencement ou à la fin dudit Livres soit tenue pour dûement signiffiée, & qu'aux coppies collationnées par l'un de nos amez & feaux Conseillers & Secretaires, foy soit ajoûtée comme à l'original ; Commandons au premier nôtre Huissier ou Sergent de faire pour l'execution d'icelles tous actes requis & necessaires sans demander autre permission, & nonobstant clameur de Haro, Charte Normande & Lettres à ce contraires ; CAR tel est nôtre plaisir, DONNÉ à Paris, le trente-uniéme jour du mois d'Octobre, l'An de grace, mil sept cent vingt-six, & de nôtre Regne, le douziéme. PAR LE ROY, en son Conseil.   CARPOT.

Registré sur le Registre VIe. de la Chambre Royale & Syndicale de la Librairie & Imprimerie de Paris, No. 516. fol. 410. conformement au Reglement, de 1723. qui fait deffenses art. IV. à toutes personnes de quelque qualité qu'elles soient, autres que les Libraires & Imprimeurs de vendre, debiter, & faire afficher aucuns Livres pour les vendre en leurs noms, soit qu'ils s'en disent les auteurs ou autrement, & à la charge d'en fournir les Exemplaires prescrits par l'article CVIII. du même Reglement à Paris, le cinq Novembre mil sept cens vingt-six. D. MARIETTE, Syndic.

J'AY lû par l'Ordre de Monseigneur le Garde des Sceaux, le Manuscrit intitulé *Coup d'Oeil sur tout l'Univers ; & le Calendrier des plus curieux & raisonné*, où je n'ai rien trouvé qui en empêche l'édition à Paris, ce 28 Septembre, 1726. BLANCHARD.

www.ingramcontent.com/pod-product-compliance
Lightning Source LLC
LaVergne TN
LVHW051506090426
835512LV00010B/2378